W0200623

Rückgabe spätestens am

13.8.20	
5.8.21	

AUSSORTIERT

ekz Best.-Nr. 806645.4

Philip Waechter

Toni

WILL ANS MEER

BELTZ
& Gelberg

ALLES BEGANN AN EINEM MONTAG IM APRIL.
ICH SASS IN MEINEM ZIMMER, ALS ES AN DER TÜR KLOPFTE!
KLOPF KLOPF
MAMA KAM HEREIN, GUCKTE SELTSAM UND IHRE STIMME KLANG SO KOMISCH!
HALLO TONI!
ICH AHNTE SOFORT, DASS ETWAS NICHT STIMMTE.
ICH MUSS DIR WAS SAGEN..!
WAS IST?
JA, ES KAM WIRKLICH SCHLIMM!
WIR WERDEN DIESEN SOMMER DOCH NICHT IN DEN URLAUB FAHREN KÖNNEN!
WAS?
WIESO?
DU HAST ES VERSPROCHEN!

MEINE MUTTER FING AN ZU BERICHTEN, WAS LOS WAR!
DIE LETZTEN WOCHEN IST EINIGES SCHIEFGELAUFEN MIT MEINEN JOBS ...!
UND JETZT HAT MEIN COMPUTER AUCH NOCH DEN GEIST AUFGEGEBEN. MIR FEHLT EINFACH DAS GELD FÜR EINEN URLAUB!
ZUM GLÜCK WUSSTE ICH, WIE MAN DIESE ART PROBLEME LÖST!
ACH, MACH DIR DESWEGEN KEINE SORGEN ..!
ICH WEISS, WIE MAN ZU GELD KOMMT. FLYER AUSTRAGEN, STRASSENMUSIK MACHEN, HÜNDCHEN AUSFÜHREN, FLOHMARKTSTAND ORGANISIEREN, ALS MODEL ARBEITEN ... UND MANCHMAL FINDET MAN GELD SOGAR AUF DER STRASSE ... ES GIBT UNENDLICH VIELE MÖGLICHKEITEN!
MEINE MUTTER WAR NICHT ÜBERZEUGT!
TONI, EIN URLAUB IST UNHEIMLICH TEUER, GERADE IN DEN SOMMERFERIEN!
ABER WAS SOLL DENN DAS JETZT FÜR EIN SOMMER WERDEN, KEIN MEER, KEIN STRAND, KEINE MUSCHELN MIT POMMES ESSEN, GAR NIX??
HMM!?

KOMISCHERWEISE FAND MEINE MUTTER DAS ALLES GAR NICHT SO PROBLEMATISCH!
ACH, WIR MACHEN ES UNS HIER SCHÖN, ERKUNDSCHAFTEN DIE NATUR IN UNSERER NÄCHSTEN UMGEBUNG. MAN MUSS NICHT IMMER SO WEIT IN DIE FERNE REISEN!
ABER WAS WILLST DU HIER DENN ERKUNDSCHAFTEN? ICH WEISS, DASS EICHHÖRNCHEN PUSCHELSCHWÄNZE HABEN, UND EINEN FLIEGENPILZ HAB ICH AUCH SCHON GESEHEN!
UND WIR FOLGEN DEN KULTURELLEN SPUREN UNSERER VORFAHREN..!
DAS IST SOOO AUFREGEND!
MEINE LAUNE WURDE IMMER SCHLECHTER!
JA, SCHON KLAR, STEINE ANGUCKEN, DIE DIE RÖMER VOR MEHR ALS ZWEITAUSEND JAHREN AUFGETÜRMT HABEN... SCHON SECHSMAL GESEHEN... EINMAL MIT DIR, ZWEIMAL MIT OPI, DREIMAL MIT DER SCHULE!
UND SO GING ES IMMER WEITER!
WEISST DU, WIE DOOF DAS IST, SECHS WOCHEN HIER ZU SEIN UND ALLE, ALLE FREUNDE SIND VERREIST!?
NEE, TUT MIR LEID, SECHS WOCHEN NUR ZUHAUSE, MACH ICH NICHT!
MIAU!

ES MUSSTE DOCH EINE MÖGLICHKEIT GEBEN!
WENN DU NICHT WEGKANNST, DARF ICH VIELLEICHT ALLEINE? VIELLEICHT LÄSST DU MICH JA DOCH INS REAL-U12-FUSSBALL-CAMP FAHREN? DANN KANNST DU DICH GANZ IN RUHE UM DEINEN KAPUTTEN COMPUTER KÜMMERN UND ICH ARBEITE AN MEINER SCHUSSTECHNIK!
SO WEIT KOMMT'S NOCH, ICH SPARE AN URLAUB UND COMPUTER UND SOLL IRGENDEINEN FUSSBALLCLUB UNTERSTÜTZEN... NEEE!
ABER DIE MACHEN DA EINE SUPER TAKTIK-SCHULUNG MIT EHEMALIGEN PROFIS UND VIELLEICHT MÜSSEN WIR JETZT EINFACH MAL EIN BISSCHEN IN MEINE KARRIERE INVESTIEREN !?
ALSO, ICH INVESTIERE JETZT IN EIN HALBES STÜNDCHEN ZEITUNGLESEN UND SONST GAR NICHTS!
MEINE MUTTER MACHTE ES MIR WIRKLICH SCHWER.
ÜBRIGENS, ICH SCHAFFE ES AUCH OHNE FUSSBALL-CAMP, UND WENN ICH IRGENDWANN BERÜHMT BIN, SPENDIERE ICH DIR ZEHN SOMMERURLAUBE ... MINDESTENS!

NEIN, NOCH WOLLTE ICH MICH NICHT GESCHLAGEN GEBEN..!
WÄRE DOCH GELACHT, WENN ICH SIE NICHT ÜBERZEUGEN KÖNNTE!
DOCH, EINE CHANCE SAH ICH NOCH!
GEDICHTE HABEN SCHON IMMER DIE HÄRTESTEN HERZEN WEICH WERDEN LASSEN. REIMT SICH ZWAR NICHT, ABER EGAL!
ALSO HATTE ICH EINE KLEINE-FEINE AUFFÜHRUNG VORBEREITET.
TIEFES BLAU... MEER ... WEITE ... DAS GESCHREI DER MÖWE... SAND UNTER DEN ZEHEN... MENSCHENLEERER STRAND ... WIR ZWEI ALLEIN... MUTTER UND SOHN... FREI SEIN... MENSCH SEIN... URLAUB!
WAS IST DENN MIT DIR LOS? HAST DU ZU VIEL WERBUNG IM RADIO GEHÖRT?
NEIN, MEINE MUTTER WAR NICHT ZU ÜBERREDEN, DAS WAR JETZT KLAR!
NEE, KEINE RADIOWERBUNG, DAS HAB ICH MIR AUSGEDACHT... NUR FÜR DICH!
ACH, ICH GEB'S AUF!
MANCHMAL IST DIE WELT GANZ SCHÖN UNGERECHT!
ACH, TONI, ICH HATTE MIR DAS ALLES DOCH AUCH ANDERS VORGESTELLT. ABER SAG MAL, HAST DU DIESES GEDICHT ECHT SELBER GESCHRIEBEN?

DAS PREISAUSSCHREIBEN

AM NÄCHSTEN TAG KAM ICH MIT THEO AUS DER SCHULE.
SAG MAL, IST ALLES OKAY? DU BIST SO STILL!
ICH ERZÄHLTE IHM ALLES.
UND IHR KÖNNT ECHT GAR NICHT WEGFAHREN?
NEE!
VIELLEICHT KANN ICH JA BEI EUCH MITFAHREN!?
NEE, DAS WILLST DU NICHT, WIR FAHREN IN EIN HOTEL MIT MATHE-NACHHILFE-PROGRAMM UND SO!
5
FERHAT YILMAZ
JACKPOT 10 MIO
BEI HERRN YILMAZ HOLTEN WIR UNS ERSTMAL EINE BUNTE TÜTE...!
THEO, TONI, WIE SCHÖN, EUCH ZU SEHEN... LAKRITZ-SCHNECKEN, COLA-FLÄSCHCHEN UND SAURE ZUNGEN, WIE IMMER?
JA!
UND BLÄTTERTEN EIN BISSCHEN IN DEN ZEITSCHRIFTEN!
JUNGS, ABER ALLES WIEDER ORDENTLICH ZURÜCKLEGEN!

UND PLÖTZLICH SAH ICH SIE ...!
DAS GIBT'S DOCH GAR NICHT!
WAS IST?
RENATOS
SPORT
ROYALS
DIESE ANZEIGE!!!
DAS IST DIE LÖSUNG ...!
DIE GEWINNEN WIR!
TRAUMREISE ZU GEWINNEN
TOLL!
IST DAS LIEB
ICH WAR SOOO BEGEISTERT!
HERR YILMAZ, SCHAU MAL!
OH JA, REISEN GIBT ES IMMER MAL WIEDER ZU GEWINNEN!
UND SO STÖBERTEN WIR SÄMTLICHE ZEITSCHRIFTEN NACH PREISAUSSCHREIBEN DURCH.
OH JE!
WIR WURDEN WIRKLICH FÜNDIG, ES GAB ECHT VIEL ZU GEWINNEN!
QUER DURCH DIE USA!
FAHRRADTOUR DURCH DIE PROVENCE!
NATUR-PUR FÜR JUNGGEBLIEBENE!
SEGELTÖRN IN GRIECHENLAND!
ZWEI TAGE VENEDIG FÜR VERLIEBTE!
EIN TAG FUN-BAD IM SAUERLAND!
FALLSCHIRMSPRINGEN IN OBERHAUSEN!
KÄSE-SEMINAR IN SÜDTIROL!
UND ES WAREN NOCH VIEL MEHR!

BALD HATTEN WIR EINEN RIESENSTAPEL ZUSAMMEN ...!
HIER GIBT ES EIN TRAMPOLIN FÜR DEN GARTEN ZU GEWINNEN, IST DAS AUCH INTERESSANT?
NEE, ICH KONZENTRIERE MICH VOLL AUF REISEN!
UND VERABSCHIEDETEN UNS!
UND NICHT VERGESSEN: FÜR DIE ZEITSCHRIFTEN WÄSCHST DU MIR DREI MAL MEIN AUTO ... UND VIEL GLÜCK!
DANKE, HERR YILMAZ!
SEHR ZUFRIEDEN MACHTEN WIR UNS AUF DEN HEIMWEG!
MÜSSEN WIR DENN NOCH IRGENDWAS BESORGEN?
NÖ, BRIEFMARKEN, UMSCHLÄGE, ALLES DA!
UND KONZENTRIERTEN UNS AUF DAS WICHTIGSTE: DIE POST!
HIER STEHT, TEILNAHMEBERECHTIGT SIND NUR MENSCHEN AB 18 JAHREN!
WIR SCHREIBEN EINFACH MAMAS NAMEN DRAUF!
HAUPTSACHE, DIE UNTERSCHRIFT IST SCHÖN KRAKELIG, DANN MERKT DAS KEINER!
SO, NOCH ADRESSE UND TELEFONNUMMER ...!
ABLECKEN, ZUKLEBEN! ...
BRIEFMARKE DRAUF ... FERTIG!

EIN PAAR MINUTEN SPÄTER!
106
ICH HAB EIN TOTAL GUTES GEFÜHL!
ICH AUCH!
P-KIN
ICH WAR MIR ABSOLUT SICHER, DASS WIR EINE REISE GEWINNEN WÜRDEN.
ERZÄHLST DU DEINER MUTTER DAVON?
NEIN, DAS WIRD EINE ÜBERRASCHUNG!
TSCHÜSS, TONI, UND SAG MIR SOFORT BESCHEID, WENN DU NACHRICHT VON IRGENDEINEM REISEFRITZEN KRIEGST!
KLAR!
30
ALS MAMA NACH HAUSE KAM, HÄTTE ICH IHR DANN DOCH FAST VON DEN PREISAUSSCHREIBEN ERZÄHLT ... ABER NUR FAST!
TONI, MEIN LIEBER, DU STRAHLST JA SO, WAS IST?
ICH ... STRAHLEN ... WIESO ... NEE ... NIX ... WAS SOLL SCHON SEIN?

VON NUN AN RANNTE ICH JEDEN TAG ZUM BRIEFKASTEN ..!
UND WARTETE AUF DIE HEISSERSEHNTE POST.
WIEDER NICHTS!
DIE WOCHEN VERGINGEN UND BALD HATTE ICH PREISAUSSCHREIBEN UND REISE VERGESSEN... UND ZUM BRIEFKASTEN LIEF ICH AUCH NICHT MEHR!
DOCH EINES TAGES KLINGELTE DAS TELEFON.
RING!
MAMA GING RAN!
JA... ÄH... WIE? ICH VERSTEHE NUR BAHNHOF!
?

NEIN, SIE VERSTAND GAR NICHTS!
NEIN, NEIN, SORGLOS-REISEN, NIE GEHÖRT ... BITTE, WAS FÜR EIN PREISAUSSCHREIBEN? ... DA SIND SIE FALSCH VERBUNDEN!
KEIN PROBLEM!
TSCHÜSS!
ICH KONNTE ES NICHT FASSEN!
NEIIIIN! DAS WAR FÜR MICH ...!
HÄ ... HALLO, KANN MIR MAL JEMAND ERKLÄREN ...?!
ZUM GLÜCK KLINGELTE DAS TELEFON GLEICH NOCHMAL!
JAAAA ... DOCH, DOCH, FRAU REDLICH HIER, HAT ALLES SEINE RICHTIGKEIT ... DAS WAR EBEN NUR MEINE SCHWESTER AUS PIRMASENS!
UND ES WURDE DOCH NOCH ALLES GUT!
JA, WUNDERBAR, ABER SELBSTVERSTÄNDLICH WERDEN WIR DIE REISE ANTRETEN ... HOTEL TANNENBLICK KLINGT GUT ... JA, SCHICKEN SIE DIE UNTERLAGEN GERNE ZU ... TSCHÜÜÜÜS!
ES HAT GEKLAPPT!
TONI, DU ERKLÄRST MIR JETZT SOFORT, WAS LOS IST!
DU ERINNERST DICH DOCH AN DEN TAG, ALS WIR SO STREIT HATTEN WEGEN DER REISE ... UND DANN BIN ICH AM NÄCHSTEN TAG ZUM KIOSK MIT THEO ... UND DANN, DU WIRST ES NICHT GLAUBEN ...!

MAMA WAR SEHR BEEINDRUCKT ...!
UND DAS HABT IHR GANZ ALLEINE HINGEKRIEGT?
UND ICH HAB MICH SCHON GEWUNDERT, WO ALL DIE BRIEFMARKEN UND UMSCHLÄGE GEBLIEBEN SIND!
WIR WAREN SOOO FROH!
UND WIR FAHREN IN DIE SOMMERFERIEN ...!
LA LA LA LA LA LA!
UND DANN MUSSTE ICH NATÜRLICH SOFORT THEO ANRUFEN ...!
ES HAT GEKLAPPT!
ECHT!
UND AUCH FERHAT YILMAZ BESUCHEN!
DAS IST JA FANTASTISCH! UND STELL DIR VOR, ICH HAB DAS TRAMPOLIN GEWONNEN!
5.9.
AM NÄCHSTEN TAG WAREN SÄMTLICHE REISEUNTERLAGEN DA!
HOTEL TANNENBLICK, DAS SCHEINT EIN RICHTIG NOBLES FÜNF-STERNE-HAUS ZU SEIN!
UND DAS IST DER SORGLOS-PAKET-GUTSCHEIN, AHA!
DAS SCHWIMMBAD SIEHT SUPER AUS!
WAS MEINEN DIE MIT „FÜR MENSCHEN IN DEN BESTEN JAHREN"?

HOTEL TANNENBLICK

ENDLICH WAR DER TAG UNSERER ABREISE GEKOMMEN.
MEINST DU, DER FUSSBALL MUSS WIRKLICH MIT?
ICH REISE GRUNDSÄTZLICH NICHT OHNE!
MIEZI KAM WIE IMMER ZU UNSERER NACHBARIN!
WIE SCHÖN, DA BIST DU JA WIEDER!
ALSO MACHTEN WIR UNS AUF DEN WEG.
IST ES WEIT BIS ZUM BUS-BAHNHOF?
NEE, FÜNF MINUTEN!
SCHNELL HATTEN WIR UNSEREN BUS GE-FUNDEN...
DER!
Reisen
UND FUHREN TATSÄCHLICH IN DEN URLAUB.

NACH VIER STUNDEN FAHRT WAREN WIR AM ZIEL.
WOW!
WIR WURDEN SEHR VORNEHM EMPFANGEN.
GNÄDIGE FRAU, JUNGER MANN, ES IST UNS EINE ALLERGRÖSSTE EHRE, SIE ALS HOCHGESCHÄTZTE GÄSTE BEGRÜSSEN ZU DÜRFEN!
SEHR, SEHR VORNEHM!
DÜRFTE ICH IHNEN EINE WILLKOMMENS-PRALINE OFFERIEREN UND UM IHRE KOFFER BITTEN!?

SEHR, SEHR, SEHR VORNEHM.
ABER DAS IST DOCH NICHT NÖTIG, ICH BIN EINE STARKE FRAU, ICH KANN MEIN GEPÄCK SELBER TRAGEN!
DAS MAG JA SEIN, ICH WÜRDE ES AUCH NIEMALS WAGEN, IHNEN ZU WIDERSPRECHEN, SIE HABEN ABER NUN MAL DAS „RUNDUM-SORGLOS PAKET" GEWONNEN, DA IST DER 1-PLUS-PLUS-SERVICE INBEGRIFFEN!
ZWEI MINUTEN SPÄTER
HÜPF, HÜPF!
WAS FÜR EIN TOLLES ZIMMER!
DER BALKON IST AUCH SUPER!
ICH KONNTE ES NICHT ERWARTEN, ENDLICH INS SCHWIMMBAD ZU KOMMEN!
KOMMST DU?
GEH RUHIG SCHON MAL VOR, ICH BRAUCH NOCH FÜNF MINUTEN!
KURZ DARAUF!
ICH FREU MICH SO!
STOPP, JUNGER MANN!

MERKE: IM GESAMTEN HOTEL-BEREICH RENNEN WIR NICHT... UND WIR ACHTEN STETS AUF EINE AN-GEMESSENE GARDEROBE!
BADEHOSE UND BADESCHLAPPEN TRAGEN WIR NUR IN DEM DAFÜR VORGESEHENEN NASSBEREICH, ZU ERKENNEN AN DER BLAUEN BODENFLIESE!
OKAY!
MEINE STIMMUNG GING ZIEMLICH IN DEN KELLER!
DOCH SO SCHNELL WOLLTE ICH MIR DEN SPASS NICHT VERDERBEN LASSEN.
ABER IRGENDWIE VERSTAND HIER NIEMAND SPASS!
MUSS DENN DIESE SPRITZEREI SEIN?
DU BIST DOCH NICHT ALLEINE HIER!
WILLST DU MIR MEINE FRISUR ZERSTÖREN, ODER WAS?
UNERHÖRT!

ZWANZIG MINUTEN SPÄTER KAM AUCH MAMA.
TONI, WAS HAST DU DENN?
HIER SIND ÜBERHAUPT KEINE KINDER!
MEINE MUTTER VERSUCHTE, MICH AUFZUHEITERN.
ICH WERDE GLEICH MAL AN DER REZEPTION FRAGEN...!
WÄRE DOCH GELACHT, WENN ES HIER NICHT NOCH ANDERE KINDER GÄBE!
KURZ DARAUF!
JA, ICH SCHAU GERNE MAL FÜR SIE NACH... ALSO, IM MOMENT HABEN WIR AUSSER TONI KEIN KIND IM HAUS, ABER IN FÜNF TAGEN KOMMT EINE WEITERE SYMPATHISCHE EIN-KIND-FAMILIE MIT DER ZWEIJÄHRIGEN GRETA...!
IN DIESEM ZUSAMMENHANG WÜRDE ICH IHNEN UNSEREN HEUTIGEN KENNENLERN-TANZABEND ANS HERZ LEGEN... DAS IST EINE SCHÖNE GELEGENHEIT, DEN ANDEREN GÄSTEN ETWAS NÄHERZUKOMMEN!
IRGENDWIE HATTEN WIR UNS UNSERE REISE ANDERS VORGESTELLT.
HAST DU LUST AUF EINEN TANZABEND?
NEE, ABER AUF FUSSBALL, ICH GEH EIN BISSCHEN TRAINIEREN!
ICH MUSSTE JETZT ETWAS TUN, DAS MICH AUF ANDERE GEDANKEN BRINGEN WÜRDE.
STOPP, JUNGER MANN!

ES WAR WIRKLICH NICHT ZU FASSEN, IMMER UND ÜBERALL WURDE GEMECKERT.
MERKE: FUSSBÄLLE STELLEN EINE GEFAHR FÜR FENSTERSCHEIBE, VASE UND MENSCH DAR UND SIND IM GESAMTEN HOTELBEREICH AM KÖRPER ZU TRAGEN!
UND WEIT UND BREIT WAR KEIN FUSSBALLPLÄTZCHEN ZU FINDEN!
DIE SIND HIER ALLE SO STRENG!
IRGENDWIE MACHTE DAS HIER ALLES KEINEN SPASS!
OH NEIN, NICHT SCHON WIEDER!
ALS WIR AM ABEND IN UNSEREM ZIMMER WAREN, HATTEN WIR RIESIGEN HUNGER.
ICH BIN MAL GESPANNT, WIE SO EIN 1PLUS-PLUS-SERVICE ABENDESSEN IST!
DU WEISST ABER SCHON, DASS DU DICH EIN BISSCHEN SCHICK HÄTTEST MACHEN MÜSSEN?!
ECHT?
JA, STAND IM KATALOG!

BEIM ABENDESSEN MERKTE ICH, DASS MEINE MUTTER GENERVT WAR ... UND WIE !!!
DARF'S EIN ERFRISCHUNGSTUCH FÜR DIE FINGERCHEN SEIN?
FÜR DIE DAME EINEN EISWÜRFEL?
BISSCHEN GESCHMOLZENE BUTTER?
EINEN KLEINEN GRUSS AUS DER KÜCHE!
VIELLEICHT NOCH EIN SCHEIBCHEN ZITRONE?
UND OBWOHL WIR BEIM ANSCHLIESSENDEN TANZABEND SPASS HATTEN ...
ICH MUSS MICH JETZT BEWEGEN!
MUSS DAS DENN SO WILD SEIN?
DEIN LÄCHELN REIN WIE EDELWEISS
DJ SAM
WIR SIND HIER DOCH NICHT IN DER DISCO!
TSE, TSE!
FRECHHEIT!
FASSTEN WIR EINEN ENTSCHLUSS!
WEISST DU WAS, ICH WILL HIER NICHT BLEIBEN!
ICH SAG DIR WAS, ICH AUCH NICHT!
MORGEN REISEN WIR AB!
DAS IST HIER EINFACH NICHTS FÜR UNS!
KURZ VORM EINSCHLAFEN.
ABER SOLL DAS DENN JETZT UNSER URLAUB GEWESEN SEIN?
NEEEIIIN, LASS MICH MAL NACHDENKEN, MIR FÄLLT SCHON WAS EIN!

BEI CHRISSI

TAGS DARAUF NAHMEN WIR ABSCHIED VOM TANNENBLICK!
GNÄDIGE FRAU, SIE WISSEN ABER SCHON, DASS SIE NOCH EINEN SECHS TAGE GÜLTIGEN GUTSCHEIN HABEN... BRAUCHEN SIE DENN HILFE MIT DEM GEPÄCK?
ALLES OKAY, VIELEN DANK, ABER WIR MÜSSEN WEITER ... UND SAGEN SIE BITTE DEM BUSFAHRER, DASS WIR NICHT MIT ZURÜCKFAHREN WERDEN!
ABER WAS MACHEN WIR DENN JETZT?
PASS AUF, WIR FAHREN ZU CHRISSI, EINE GUTE FREUNDIN, DIE WOHNT HIER GANZ IN DER NÄHE!
ZWANZIG MINUTEN SPÄTER SASSEN WIR IM ZUG.
ICH HATTE SIE GESTERN, ALS DU SCHON GESCHLAFEN HAST, ANGERUFEN...!
SIE WOHNT SUPER-SCHÖN!
WIRD DIR GEFALLEN!
AM BAHNHOF EMPFING UNS CHRISSI!
CHRISSI!
MEINE LIEBEN, ICH FREU MICH JA SO!

JA, CHRISSI FREUTE SICH SEHR!
TONI, KOMM, LASS DICH DRÜCKEN!
SCHMATZ! SCHMATZ! SCHMATZ! SCHMATZ! SCHMATZ! GROSS BIST DU GEWORDEN!
WIR FAHREN JETZT ERST MAL ZU UNS, WOLF UND DIE MÄDELS HABEN EIN BISSCHEN WAS VORBEREITET, IHR SEID BESTIMMT HUNGRIG!
ES ERWARTETE UNS WIRKLICH EIN REICH GEDECKTER TISCH!
JETZT MÜSST IHR ABER MAL ERZÄHLEN!
WO KOMMT IHR DENN JETZT EIGENTLICH HER?
WAS MACHT IHR HIER IN DER GEGEND?
HALLO!
HALLO!
HALLO!
ALSO ERZÄHLTEN WIR!
WO WART IHR? IM TANNENBLICK?
DAS PASST GAR NICHT ZU EUCH!
ECHT?
ALLE WAREN TOTAL ÜBERRASCHT!
IST DAS NICHT SUPERTEUER?
KANN MAN DA ÜBERHAUPT MIT KINDERN HINFAHREN?
ICH HAB GEHÖRT, DIE SIND TOTAL STRENG!
DA MUSS MAN SICH IMMER SCHICK MACHEN!

ETWAS SPÄTER
ALSO, BEVOR ICH IN SO EINEN TANNENBLICK FAHRE, BLEIBE ICH LIEBER ZU HAUSE UND BEOBACHTE EICHHÖRNCHEN UND SUCH NACH FLIEGENPILZEN!
WAR DOCH GEWONNEN!
CHRISSI SPRACH EIN ERNSTES WÖRTCHEN MIT MAMA!
HÖR MAL, EGAL OB GEWONNEN ODER NICHT, DER JUNGE MUSS ANS MEER ... MIT ZELT UND ABENTEUER ... KEIN TANNENBLICK!
WÄHREND DIE ERWACHSENEN NOCH DISKUTIERTEN, FUHR ICH MIT EMMA UND MERLE ZUM SEE!
VERRÜCKT, DASS ERWACHSENE STUNDENLANG ÜBER HOTELS REDEN ..!
SO VIEL BLA, BLA, BLA, ÜBER DINGE, DIE SICH EH NICHT ÄNDERN LASSEN!
AM SEE MUSSTEN WIR UNS ERST MAL ABKÜHLEN ..!
UND WIEDER AUFWÄRMEN!

ICH FING EINEN KLEINEN FROSCH ...
SCHAUT MAL!
SÜÜÜÜSS!
FÜR DEN WIR EIN PAAR HÜBSCHE BECKEN ANLEGTEN.
HIER KANN ER JA SEINE FREUNDE EMPFANGEN!
ALS WIR IHN WIEDER FREI LIESSEN, GABEN WIR IHM NOCH EINIGE WICHTIGE ANWEISUNGEN FÜR SEIN LEBEN MIT AUF DEN WEG.
STOPP, KLEINER FROSCH! MERKE: IN DIESEM SEE TRAGEN WIR FÜR GEWÖHNLICH BADEHOSE!
STOPP, KLEINER FROSCH! MERKE: SCHWIMMHÄUTE ZWISCHEN DEN ZEHEN DULDEN WIR HIER NICHT!
STOPP, KLEINER FROSCH! MERKE: QUAKEN IST GESTATTET, ABER NUR IM FLÜSTERTON!
IRGENDWANN FING ES AN ZU REGNEN ...
UND WIR STELLTEN FEST, DASS SICH DAS WASSER IM SEE RICHTIG WARM ANFÜHLTE.
IST DAS EIGENTLICH GEFÄHRLICH, BADEN BEI REGEN?
NEE, NUR BEI GEWITTER!

UND DANN KAMEN CHRISSI UND MAMA MIT WARMEN DECKEN UND SCHIRMEN.
WOLLT IHR NICHT MAL UNTER DIE SCHIRME? IHR WERDET DOCH GANZ NASS!
NEE, NOCH EIN BISSCHEN!
EINGEMÜMMELT IN WARME DECKEN UND ZIMTSCHNECKEN ESSEND FUHREN WIR ZURÜCK ZU CHRISSIS HAUS.
TONI, ICH HAB AUCH NOCH EINE ÜBERRASCHUNG FÜR DICH ... ZEIG ICH DIR GLEICH!
ICH KONNTE ES KAUM ERWARTEN ...
JETZT SAG SCHON ... WAS FÜR EINE ÜBERRASCHUNG?
KOMM MAL MIT!
CHRISSIS KLEINER FLITZER, DAMIT FAHREN WIR MORGEN ANS MEER ..!
DAS WAR DIE BESTE ÜBERRASCHUNG MEINES LEBENS!
NA ALSO!
DU BIST SUUUPER!
ICH WEISS!

HUNDI

AM NÄCHSTEN MORGEN PACKTEN WIR.
UND WIE GESAGT, BLEIBT, SO LANGE IHR WOLLT, WIR HABEN JA DEN BUS!
ZELT, CAMPINGKÜCHE HAB ICH DURCHGEGUCKT, ALLES OKAY... UND ICH HAB NOCH EIN PAAR HERINGE MEHR EINGEPACKT!
UND DANN WAR TATSÄCHLICH ALLES VERSTAUT!
SUPER, ALLES DRIN!
DOCH EINE SACHE WUNDERTE MICH.
SAG MAL, IST DAS NICHT SUPERUNLOGISCH, DASS ALL DAS GEPÄCK IN DIESES KLEINE AUTO PASSEN SOLL?
TOTAL, DAS SOLLTE MAN MAL DEM ZEICHNER SAGEN, DER DIESEN COMIC GEMACHT HAT!
SCHLIESSLICH WAR ES ZEIT, ABSCHIED ZU NEHMEN!
ICH DANK DIR SOOO!
NA KLAR!
GRÜSST UNSEREN KLEINEN FROSCH VON MIR!
TSCHÜSS, MEIN GROSSER, LASST ES KRACHEN!

FÜNFZEHN MINUTEN SPÄTER AUF DER AUTOBAHN.
ACH, DIE CHRISSI IST SO EINE TOLLE FREUNDIN, SCHADE, DASS WIR UNS SO SELTEN SEHEN!
WIR FUHREN UND REDETEN.
ABER DU BIST DOCH JETZT AUCH FROH, DASS WIR ANS MEER FAHREN, ODER?
OH JA, ICH KANN DIR GAR NICHT SAGEN, WIE FROH ICH BIN! WAHNSINNIG!
WIR FUHREN WEITER UND REDETEN WEITER.
KENNST DU DEN? KOMMT EIN HÄSCHEN IN DIE APOTHEKE ..!
WIR FUHREN IMMER WEITER UND REDETEN IMMER WEITER.
..ABER TROTZDEM! AUCH WENN DAS TANNENBLICK-HOTEL JETZT NICHT SO DAS RICHTIGE FÜR UNS WAR, ICH FAND DAS TOLL, DASS DU DIE REISE GEWONNEN HAST!
WIR MACHTEN EINE PAUSE UND REDETEN NOCH VIEL MEHR!
DER RENATO HAT EINEN ECHTEN HATTRICK GEMACHT, DREI TORE IN 45 MINUTEN!
UND PLÖTZLICH SAHEN WIR DAS MEER.
IST DAS SCHÖN!
JETZT SIND WIR GLEICH DA!

BEVOR WIR EINEN ZELTPLATZ ANSTEUERTEN, WOLLTEN WIR UNS NOCHMAL STÄRKEN.
GUCK MAL, WOLF HAT UNS ZWEI ZELTPLÄTZE EMPFOHLEN, ICH WÜRDE SAGEN, WIR NEHMEN DIESEN.
JA, DER SIEHT SUPER AUS!
UND DANN PASSIERTE ES!
NANU, WER BIST DU DENN?
DA SASS EIN HUND!
DER SASS DA, SCHAUTE UNS AN UND WEDELTE MIT DEM SCHWANZ.
NA, DU HÜBSCHER!
DER IST SOOO SÜSS!
DER HUND WOLLTE GAR NICHT MEHR VON UNSERER SEITE WEICHEN.
HÜNDCHEN, DU KANNST NICHT MIT UNS KOMMEN, WIR SIND NUR EINFACHE TOURISTEN!
VIELLEICHT HAT ER KEIN ZUHAUSE?

DER HUND MACHTE ES UNS WIRKLICH SCHWER.
WIR FAHREN JETZT IN DEN URLAUB, DA KANNST DU NICHT MIT!
VIELLEICHT MAG ER AUCH MAL EIN BISSCHEN WAS ERLEBEN?
ER WOLLTE UNS EINFACH NICHT FAHREN LASSEN!
JAAUUUUL!
ICH KANN SO UNMÖGLICH LOSFAHREN!
WIR VERSUCHTEN ES IM GUTEN...!
HÖR MAL, SCHNUCKELCHEN, DU GEHST JETZT MAL SCHÖN ZURÜCK ZU HERRCHEN UND FRAUCHEN!
DER HAT GAR KEIN RICHTIGES HALSBAND, WAHRSCHEINLICH HAT DER KEIN ZUHAUSE!
UND AUF DIE STRENGE ART!
OKAY, TIERE BRAUCHEN KLARE ANSAGEN... SO, FREUNDCHEN... ZISCH AB... ZIEH LEINE... AB, AUS, MARSCH ... ABER SOOOFORT!
DOCH NICHTS HALF, ER WOLLTE BEI UNS SEIN.
WENN DU SO MIT MIR REDEN WÜRDEST, WÜRDE ICH AUCH NICHT AUF DICH HÖREN!
TONI, EINSTEIGEN, ICH HAB'S VERSUCHT!
UND DANN BRAUSTE MEINE MUTTER TATSÄCHLICH LOS!
WUFF!

WIR FÜHLTEN UNS BEIDE RICHTIG ELEND.
MUSST DU AUCH DIE GANZE ZEIT AN DAS HÜNDCHEN DENKEN?
ICH KANN AN GAR NICHTS ANDERES MEHR DENKEN, IRGENDWIE HABE ICH EIN SCHLECHTES GEWISSEN!
BALD HATTEN WIR UNSER ZIEL ERREICHT...
SO, ERST MAL MÜSSEN WIR UNS ANMELDEN!
UND MACHTEN ES UNS SCHÖN UND GE-MÜTLICH.
ABER RICHTIG GENIESSEN KONNTEN WIR UNSERE REISE NICHT MEHR.
SOLANGE ICH NICHT WEISS, DASS ES HUNDI GUT GEHT, KANN ICH NICHT ENTSPANNEN!
ICH AUCH NICHT!
ALSO MUSSTEN WIR TUN, WAS IN DIESER SITUATION ZU TUN WAR.
KOMM, WIR GUCKEN NOCH MAL NACH DEM TIER!

WIR FUHREN DIE STRECKE ZURÜCK …
VIELLEICHT WAREN WIR EINFACH ZU STRENG?
SO HERZLOS!
BIS ZU DEM CAFÉ, WO WIR HUNDI GETROFFEN HATTEN.
HUNDIiiiiii!
WEG!
NIEMAND KONNTE UNS WEITERHELFEN!
WISSEN SIE, SO EIN GANZ SÜSSER MIT LEUCHTENDEN AUGEN UND GLÄNZENDER SCHNUFFELNASE!
DER KONNTE SUPERSCHNELL MIT DEM SCHWANZ WEDELN!
NEE, TUT MIR LEID, HABE ICH NICHT GESEHEN!
HUNDI WAR WIE VOM ERDBODEN VERSCHWUNDEN.
VIELLEICHT IST ER JA TOT?
GESTORBEN VOR KUMMER, SO WAS GIBT'S!
ABER WIESO DAS DENN?
WIEDER IM AUTO, SPRACH NIEMAND EIN WORT.
SCHLUCHZ!

ALS WIR EINIGE ZEIT SPÄTER ZU UNSEREM ZELT ZURÜCKKAMEN, SAH ICH ES...
DA!
DA SASS HUNDI GANZ ENTSPANNT VOR UNSEREM ZELT UND WARTETE AUF UNS!
WAS MACHST DU DENN HIER?
WAR DAS EINE FREUDE!!!
HUNDE RIECHEN SO GUT, DESHALB HAT ER UNS GEFUNDEN!
JETZT WAREN WIR ZU DRITT!
OKAY, HUNDI BLEIBT ERST MAL... DANN GEHE ICH DOCH SCHNELL HUNDEFUTTER KAUFEN!
ABENDS GING ICH MIT HUNDI AN DEN STRAND, LERNTE LUC, KLARA, JO, FELI, ALI, KARLO UND RICHARD KENNEN UND WUSSTE, DASS WIR EINEN SUPERTOLLEN SOMMER HABEN WÜRDEN.

BADESPASS

AM NÄCHSTEN TAG HOLTEN MICH KARLO, FELI UND LUC ZUM BADEN AB!
SUPER, ICH BIN GLEICH SO WEIT!
UND VERGISS DEINEN BALL NICHT!
HUNDI WOLLTE AUCH UNBEDINGT MIT!
OKAY, DANN KOMME ICH MIT UND BLEIBE BEI HUNDI, WÄHREND IHR IM WASSER SEID
WAU!
KURZ DARAUF.
ICH GLAUB, ES IST ZIEMLICH VIEL LOS!
JA, DER STRAND WAR VOLLKOMMEN ÜBERFÜLLT!
HIER KANN MAN HEUTE KEIN FUSSBALL SPIELEN!

HIER KANN MAN HEUTE AUCH NICHT SCHWIMMEN!
DOCH DANN HATTE ICH EINE GENIALE IDEE!
MAMA, DÜRFEN WIR EIN TRETBOOT MIETEN?
WIESO DAS DENN?
WIR WOLLEN DOCH AUCH MAL DEN VOLLEN BADESPASS!
DANN KÖNNTEN WIR RICHTIG RAUSFAHREN, DAHIN, WO ES LEER UND NOCH SCHÖN IST!
WIR KÖNNTEN SCHWIMMEN UND UNS SPORTLICH BETÄTIGEN ... DAS IST GESUND!
IST DAS NICHT SEHR TEUER?
WENN MAN EINE GANZE STUNDE NIMMT, WIRD ES GÜNSTIGER!
JAAAA, BITTE EINE GANZE STUNDE!
BALD HATTEN WIR MEINE MUTTER ÜBERREDET!
OKAY, VON MIR AUS, ABER IHR FAHRT NICHT WEITER ALS BIS ZU DEM ZWEITEN FELSEN, VERSPROCHEN!?
VERSPROCHEN!
FÜNF MINUTEN SPÄTER!
DIESES HIER!
OKAY, FÜR EINE STUNDE!
30 = 12;
60 = 15;

DANN STACHEN WIR ENDLICH IN SEE!
ACHTUNG, ACHTUNG, HIER DIE TITANIC... ES SPRICHT IHR KAPITÄN... AUS DEM WEG, BITTE!
ÜBERALL GEFÄHRLICHE EISBERGE, BITTE UM PRÄZISESTE NAVIGATION!
WIRD GEMACHT!
PEDALO
GEKONNT UMSCHIFFTEN WIR SÄMTLICHE HINDERNISSE...
TIEFES, WEITES, UNBERÜHRTES, SCHÖNES MEER, WIR KOMMEN!
TITANIC IST SO EIN SUPER FILM!
UND UNTERHIELTEN UNS ÜBER FILME.
ICH HAB JA NEULICH DIE ERSTEN ZEHN MINUTEN VON „DER WEISSE HAI" GESEHEN, DER IST KRASS ... DANN HAT MICH MEIN VATER RAUSGESCHICKT!
ICH HAB EINEN FILM GEGUCKT, DA HAT EIN RIESENKRAKE EIN UNTERSEEBOOT ANGEGRIFFEN!
ENDLICH WAREN WIR ALLEINE AUF HOHER SEE!
GEGEN RIESENKRAKEN HABEN SELBST HAIE KEINE CHANCE!

KURZ DARAUF.
GIBT'S HIER EIGENTLICH HAIE?
IM MEER GIBT'S IMMER HAIE!
... UND RIESENKRAKEN!
SO, WER SPRINGT ZUERST REIN?
MIR REICHT ERST MAL, DIE FÜSSE REIN ZU HALTEN!
WÜRDE ICH NICHT MACHEN, EIN HAPS UND DEIN BEIN IST AB!
IRGENDWIE WOLLTE PLÖTZLICH NIEMAND MEHR BADEN.
SO EIN RIESENKRAKE HAT WAHRSCHEINLICH AUCH KEIN PROBLEM DAMIT, EIN TRETBOOT IN DIE TIEFE ZU ZIEHEN!
DIE MACHT DAS OHNE MIT DER WIMPER ZU ZUCKEN!
UND SO DREHTEN WIR GANZ SCHNELL UM!
SCHNELLER!
KANN MAL JEMAND ANDERES TRETEN, ICH KANN NICHT MEHR!
PUH!
WIR FÜHLTEN UNS ERST WIEDER SICHERER ...
ACH NEE, DIE SCHON WIEDER!
ALS WIR UNTER MENSCHEN WAREN.
ICH GLAUBE, HIER KANN UNS NICHTS MEHR PASSIEREN!
ICH BIN FIX UND FERTIG!

WIR WAREN SEHR ERLEICHTERT, ALS WIR DAS TRETBOOT WIEDER ABGEBEN KONNTEN.
DANKE, DAS REICHT!
IHR HABT NOCH 40 MINUTEN, DAS WISST IHR SCHON, ODER?
Relax
MEINE MUTTER WUNDERTE SICH SEHR.
NANU, HAT DAS MIT DEM AUSLEIHEN NICHT GEKLAPPT, SOLL ICH MAL MITKOMMEN?
DOCH, DOCH, WIR SIND SCHON WIEDER ZURÜCK!
UND IHR SEID JA VÖLLIG ABGEKÄMPFT UND TOTAL VERSCHWITZT... UND EURE BADESACHEN SIND NOCH TROCKEN... WAS IST DENN LOS?
MAMA, DAS ERKLÄRE ICH DIR ALLES SPÄTER, JETZT MÜSSEN WIR UNS ERSTMAL ABKÜHLEN!
VERSTEHST DU DAS?

DAS KARUSSELL

UND DANN KAM DER TAG, AN DEM WIR UNS VON HUNDI TRENNEN MUSSTEN.
JA! EINE FRAU KAM AN UNSEREN PLATZ, MIT EINEM HUND, DER AUSSAH WIE HUNDI.
ROCKO!
DA BIST DU JA!
WUFF!
WAU!
DIE FRAU ERZÄHLTE UNS SEHR INTERESSANTE DINGE ÜBER HUNDI.
WISST IHR, ROCKO WIRD DAS LEBEN MIT UNS SCHNELL ZU LANGWEILIG, DANN GEHT ER FÜR EIN PAAR TAGE AUF WANDERSCHAFT, MANCHMAL SCHLIESST ER SICH BESONDERS NETTEN MENSCHEN AN. ZUM GLÜCK WEISS SEINE SCHWESTER IMMER GANZ GENAU, WO ER STECKT UND WANN ES ZEIT WIRD, IHN ZU HOLEN!
ALSO VERABSCHIEDETEN WIR UNS VON HUNDI.
KOMM UNS BALD MAL WIEDER BESUCHEN!
ALS WIR ETWAS SPÄTER ZUM MARKT FUHREN, WAR ICH SEHR TRAURIG!
ZUMINDEST WISSEN WIR JETZT, DASS HUNDI EIN GUTES ZUHAUSE HAT!

KURZ DARAUF.
FINDEST DU DEN NAMEN ROCKO SCHÖN?
NEE, HUNDI PASST VIEL BESSER!
SO, WIR BRAUCHEN NOCH: TOMATEN, PFIRSICHE UND OLIVEN... HUNDEFUTTER KANN ICH STREICHEN!
JEL
DER MARKT WAR TOLL! UND MEINE STIMMUNG WURDE WIEDER BESSER.
HANDYHÜLLEN, FÜNF EURO!
FRISCHE AUSTERN!
ÜBERALL GAB ES ETWAS ZU PROBIEREN...
DIESE HIER IST MIT TRÜFFEL!
ZUCKERSÜSSE ERDBEEREN!
UND ZU ENTDECKEN!
SO EIN HENNA-TATTOO KANN SCHON ZWEI WOCHEN HALTEN!
EINMAL BITTE, RENATO! WICHTIG IST DER BLITZ AUF DEM FUSSBALLSCHUH!
DAS WERDE ICH MIT THEO BEIM NÄCHSTEN WEIHNACHTSMARKT AUCH MACHEN!
BAR
BRAVO!

UND DANN KAMEN WIR AM KARUSSELL VORBEI!
BONANZA
WARUM FÄHRT DAS NICHT?
NA JA, DAS FÄHRT NATÜRLICH ERST, WENN JEMAND EIN TICKET KAUFT!
ICH MÖCHTE GERNE EIN TICKET KAUFEN!
ECHT? FÜR SOLCHE KARUSSELLS INTERESSIERST DU DICH DOCH SEIT JAHREN NICHT MEHR!
ZWEI MINUTEN SPÄTER.
ZIEMLICH LAHM!
WIE FRÜHER!

NACH SIEBEN RUNDEN...
DIE FRAU HAT GELÄCHELT!
ICH GLAUBE, SIE HAT SICH TOTAL GEFREUT, DASS MAL JEMAND MIT IHREM KARUSSELL GEFAHREN IST!
JA, ICH HATTE EINE RICHTIG GUTE TAT VOLLBRACHT!
JETZT HAT SIE WENIGSTENS EIN BISSCHEN WAS VERDIENT!
ACH, DIE FRAU HAT BESTIMMT AUCH BESSERE TAGE UND VIELLEICHT IST SIE JA GLÜCKLICH MIT IHREM LEBEN!?
SELTSAMERWEISE MUSSTE ICH DIE GANZE ZEIT AN DIE KARUSSELL-FRAU DENKEN.
SO EIN KARUSSELL ZU LENKEN, MACHT BESTIMMT SPASS!
DAS SCHON... ICH KÖNNTE ABER NICHT DEN GANZEN TAG IN SO EINEM ENGEN KASSENHÄUSCHEN SITZEN!
AUF ALLE FÄLLE IST ES WUNDERSCHÖN, WENN MAN IN SEINEM LEBEN ETWAS FINDET, DAS EINEM FREUDE BEREITET UND FROH MACHT!
JEDER MENSCH SOLLTE DAS LEBEN LEBEN DÜRFEN, DAS ER SICH ERTRÄUMT HAT UND DAS ZU IHM PASST!
P

ETWAS SPÄTER!
FINDEST DU EIGENTLICH PROFIFUSSBALLER WÜRDE ZU MIR PASSEN?
ZU DIR ...?
SO, WIE ICH DICH KENNE, WIRD AUS DIR DER TOLLSTE, KLÜGSTE, NETTESTE UND LUSTIGSTE FUSSBALLER DER GANZEN WELT!
BIST DU EIGENTLICH FROH MIT DEINEM LEBEN?
OH JA, SCHAU, WIR SIND GESUND, ICH HABE SPASS AN MEINEM BERUF, WIR LEBEN IN EINER SCHÖNEN WOHNUNG, WIR KÖNNEN URLAUB MACHEN...
ABER WEISST DU, WAS MICH AM ALLERALLERGLÜCKLICHSTEN MACHT?
DASS ICH DICH HABE!
ALS ES SCHON LANGSAM DUNKEL WURDE, LAG ICH IN UNSERER HÄNGEMATTE, DACHTE AN HUNDI UND MEINE ZUKUNFT ALS PROFIFUSSBALLER UND SCHLIEF EIN.

DIE RALLYE

EIN PAAR TAGE SPÄTER GING ICH MIT LUC ZUM KIDS CLUB.
DIE MACHEN HEUTE SO EINE SPORT-UND-SPASS-RALLYE..!
ICH FREUTE MICH WIE VERRÜCKT!
IMMER ZWEI KINDER MÜSSEN DREI AUFGABEN LÖSEN... DIE SIEGER KRIEGEN SUPER PREISE!
WIR WERDEN GEWINNEN ...WIR WERDEN GEWINNEN!
SURF
TEAM TONI & LUC... DIE GALAKTISCHEN!
AM TREFFPUNKT!
WILLKOMMEN ZUR HEUTIGEN RALLYE!
...DIESMAL WERDEN DIE TEAMS GELOST... WIR WOLLEN, DASS IHR EUCH ALLE EIN BISSCHEN BESSER KENNENLERNT!
KIDS CLUB
KIDS
KIDS CLUB
OCH NEE!
VOLL GEMEIN!
ICH WILL ABER MIT LIA!
ICH WILL MIT LUC!
ICH WILL MIT TONI!

EIN PAAR MINUTEN SPÄTER!
TONI ...
BILDET EIN TEAM MIT ... HENRI!
OH NEIN, NICHT HANDY-HENRI!
HENRI WAR DAS EINZIGE VON UNS KINDERN, DAS SCHON EIN EIGENES HANDY BESASS.
HEY, TONI!
HEY, HENRI!
UND HENRI SPRACH VON NICHTS ANDEREM.
ICH HAB SO SUPER EMPFANG!
KIDS CLUB
SO, JEDES TEAM DARF SICH JETZT SEINE AUFGABEN ZIEHEN!
WIR HATTEN ECHT SCHWIERIGE AUFGABEN ZU LÖSEN ...
SCHAFE ZÄHLEN AUF DER WEIDE NEBEN DEM MINIGOLFPLATZ ... BÄCKERIN INTERVIEWEN ... INFOS ZUR KIRCHE SAMMELN, UFF!
MEINE BILDSCHIRMDARSTELLUNG IST SO KRASS!
ABER HENRI SCHIEN DAS ALLES NICHT ZU INTERESSIEREN.
AUF DIE PLÄTZE, FERTIG, LOS!
UND DENKT DRAN: FÜR DIE SIEGER WARTET EIN TROPICAL-SUNSET-BECHER IN DER STRANDBAR!
KENNST DU DAS VIDEO MIT DEN BABYGIRAFFEN?
HENRI, ES GEHT LOS!

ICH WOLLTE DIE RALLYE SO GERNE GEWINNEN.
HENRI, WENN WIR JETZT LOSLEGEN, KÖNNEN WIR ES NOCH SCHAFFEN!
AH... SMS VON PAPA!
KOMM JETZT!
JETZT WURDE ICH RICHTIG SAUER!!!
DU HAST ES GAR NICHT VERDIENT, SO ETWAS GUTES, WIE EINEN TROPICAL-SUNSET-BECHER ZU GEWINNEN!
HENRI KONNTE MIR MAL DEN BUCKEL RUNTERRUTSCHEN!
ABER JETZT WARTE DOCH MAL, DU WILLST DOCH NICHT ERNSTHAFT DIE 1,875 KILOMETER BIS ZU DER DOOFEN SCHAFSWIESE ZU FUSS LAUFEN, DENK DOCH MAL BISSCHEN MODERNER!
PAH!
HÖR MAL, WIR MÜSSEN UNS DIE GANZE MÜHE DOCH GAR NICHT MACHEN, DIE AUFGABEN HAB ICH DIR IN ZWEI MINUTEN GELÖST!
KURZ DARAUF!
ÜBER MEINE SKY-VIEW-APP KANN ICH DIE WIESE ANSTEUERN ... WARTE, HIER IST DER MINIGOLF-PLATZ, HIER DIE SCHAFE... ALSO, ES SIND 1,2,3,4 ... 8 SCHAFE. BITTE NOTIEREN!

ES WAR SO EINFACH, AUCH DIE ANDEREN AUFGABEN WAREN IN WINDESEILE BEANTWORTET.
ALSO, DIE BÄCKEREI WIRD BETRIEBEN VON URSULA MÜLLER, SIE IST 48 JARE ALT UND IHRE HOBBYS SIND ...!
HOBBYS WOLLEN DIE GAR NICHT WISSEN!
HENRIS HANDY WUSSTE EINFACH ALLES!
DIE SANKT-JOHANNIS-KIRCHE HAT ZWÖLF TREPPENSTUFEN, VIER GROSSE FENSTER, EINEN TURM OHNE UHR UND IST MINTGRÜN GESTRICHEN!
HENRI HATTE RECHT, IN ZWEI MINUTEN HATTEN WIR UNSEREN BOGEN AUSGEFÜLLT.
SO, UND JETZT HOLEN WIR UNSEREN SIEGER-GUTSCHEIN UND GEHEN SCHÖN EIS ESSEN!
DOCH IRGENDWIE HATTE ICH PLÖTZLICH EIN SCHLECHTES GEWISSEN.
ICH KOMME MIR EIN BISSCHEN WIE EIN BETRÜGER VOR!
WIESO? WIR HABEN ALLE FRAGEN KORREKT BEANTWORTET!
WIR ÜBERLEGTEN, WAS WIR NUN TUN SOLLTEN?
ABER DIE HABEN SICH DAS JA ALLES ANDERS GEDACHT!
DIE WOLLTEN, DASS WIR DURCH DIE GEGEND FLITZEN UND DIE UMGEBUNG ERKUNDEN!
SO GEBEN DIE UNS BESTIMMT KEINEN GUTSCHEIN!
WIR BRÄUCHTEN BEWEISE, DASS WIR DIE AUFGABEN SO RICHTIG GELÖST HABEN ... OHNE HANDY UND SO!
BAR

HENRI HATTE EINE IDEE!
UNSERE ZELTNACHBARN HABEN EIN BABY, DAS LIEGT IMMER AUF SO EINEM SCHAF-FELL! DAMIT KÖNNTEN WIR...!
FÜNF MINUTEN SPÄTER!
DÜRFEN WIR UNS DAS MAL AUSLEIHEN...? ALSO, DAS FELL!
KURZ DARAUF.
ICH MACH EIN SELFIE, DIREKT VOR DEM FELL, SO, DASS MAN DEINEN KOPF NICHT SIEHT, DAS WIRKT TOTAL ECHT, DAS MERKEN DIE NIE!
WAS MACHT IHR DA EIGENTLICH?
WIR ARBEITETEN WEITER AN UNSEREN BEWEISEN!
BITTE EINFACH INS MIKRO SPRECHEN... TON LÄUFT!
MEIN NAME IST URSULA MÜLLER UND ICH BIN 48 JAHRE ALT UND ICH BIN BÄCKERIN!
PLÖTZLICH HATTEN HENRI UND ICH RICHTIG VIEL SPASS ZUSAMMEN!
SO, JETZT MÜSSEN WIR NUR NOCH EINE ÜBERZEUGENDE KIRCHE ZAUBERN!

DAHINTEN IST EIN GUTER PLATZ!
UND DANN FINGEN WIR AN ZU BAUEN!
ICH LEG ERST MAL EIN SOLIDES FUNDAMENT AN!
UND ICH KÜMMER MICH UM DIE TREPPE!
WIR SCHAFFTEN EIN WAHRES MEISTERWERK!
ICH ARBEITE DIE ZIEGEL NOCH EIN BISSCHEN HERAUS!
ICH BIN MIT DEN STUFEN NOCH NICHT HUNDERT PROZENT ZUFRIEDEN!
DANN WAR ES VOLLBRACHT!
FASZINIEREND, SIEHT EXAKT AUS, WIE DIE SANKT JOHANNIS-KIRCHE!
FERTIG!
ZU GUTER LETZT MACHTEN WIR NOCH EIN PAAR SCHÖNE FOTOS!
ICH KANN DAS BILD NOCH BEARBEITEN, DASS ALLES NOCH REALISTISCHER UND MINTGRÜN AUSSIEHT!

UND DANN FLITZTEN WIR ENDLICH ZURÜCK ZUM KIDS-CLUB ...!
UM UNSEREN GUTSCHEIN ABZUHOLEN!
KIDS CLUB
TONI, HENRI, DA SEID IHR JA ENDLICH!
UND ALLES DOKUMENTIERT!
FERTIG, ALLES AUSGEFÜLLT!
DOCH OFFENSICHTLICH WAREN WIR NICHT DIE ERSTEN UND HATTEN DEN TROPICAL-SUNSET-BECHER GAR NICHT GEWONNEN.
WO WART IHR DENN SO LANGE?
WIR DACHTEN SCHON, IHR KOMMT GAR NICHT MEHR!
DIE ANDEREN KINDER SIND ALLE SCHON VOR EINER STUNDE GEKOMMEN!
ABER DIE ANTWORTEN SIND ALLE KORREKT!
ECHT?
AUF DEM WEG ZURÜCK ZU UNSEREM ZELTPLATZ KAMEN WIR AN DER STRANDBAR VORBEI!
HALLO, LUC!
HALLO, TONI, WIR HABEN GEWONNEN!
NATÜRLICH DURFTEN WIR MITESSEN!
WIR WAREN NACH ZWEI MINUTEN FERTIG ... ABER DANN GING ES ERST RICHTIG LOS!
TONI, DAS HAT SOOO SPASS GEMACHT!
SAU-LECKER!
EURE KIRCHE SIEHT SUPER AUS!

TONi AM MEER

WIR HATTEN GROSSARTIGE TAGE. MIT UNSEREN GEMIETETEN RÄDERN FLITZTEN WIR DURCH DIE GEGEND...
WILLKOMMEN ZUR TOUR DE FRANCE... TONI, DIESER TEUFELSKERL, SETZT SICH AN DIE SPITZE... WIRD ER DAS GELBE TRIKOT VERTEIDIGEN KÖNNEN?
BALD WUSSTEN WIR, WO ES DIE LECKERSTEN PFLAUMEN GAB...!
LANGSAM REICHT'S ABER!
UND WIE WIR ZU DEN SCHÖNSTEN STRÄNDEN KAMEN.
ICH LERNTE EINEN SALTO VOM ZWEI-METER-FELSEN...
UND MACHTE BEKANNTSCHAFT MIT EINEM KATZENHAI.

BEIM KARAOKE-SINGEN BELEGTE ICH MIT KLARA DEN SIEBTEN PLATZ!
DEIN LÄCHELN REIN WIE EDEL-WEISS!
IMMER WIEDER BEKAM ICH BESUCH VON HUNDI.
SELTEN HATTE ICH MEINE MUTTER SO GUT GELAUNT ERLEBT ...
DAS IST IHR LIEBLINGSLIED!
JA, ES GING UNS WIRKLICH GUT!
SO SCHÖN!
ABER IRGENDWANN WAR ES AN DER ZEIT, SICH EINE WICHTIGE FRAGE ZU STELLEN.
WAS DENKST DU DENN EIGENTLICH, WIE LANGE WIR NOCH HIER-BLEIBEN?
UND WIR FANDEN EINE ANTWORT!
ACH KOMM, UNSER URLAUB HAT DOCH GERADE EBEN ERST ANGE-FANGEN. NEE, SO SCHNELL FAHREN WIR NOCH NICHT NACH HAUSE, ODER WAS MEINST DU, TONI?
OKAY!

DOCH NATÜRLICH ENDETE AUCH UNSER URLAUB IRGENDWANN... UND ICH FREUTE MICH SO SEHR AUF ZU HAUSE!!!
12
ALS ALLERERSTES HOLEN WIR MIEZI AB!

Philip Waechter, geboren 1968, studierte Kommunikationsdesign an der FH Mainz und lebt als Illustrator mit seiner Familie in Frankfurt am Main. Zusammen mit der Ateliergemeinschaft LABOR (www.laborproben.de) veröffentlicht er die *Kinder Künstler Bücher*. Außerdem erschienen von ihm bei Beltz & Gelberg viele Bilderbücher darunter *ich, Rosi in der Geisterbahn, Sehr berühmt, Sohntage, Endlich wieder zelten!* und zuletzt *Toni. Und alles nur wegen Renato Flash* – die erste Geschichte von Toni.

MIX
Papier aus verantwortungsvollen Quellen
FSC® C089473
www.fsc.org

Dieses Buch ist erhältlich als
978-3-407-75556-8 Print

© 2020 Beltz & Gelberg
in der Verlagsgruppe Beltz · Weinheim Basel
Werderstraße 10, 69469 Weinheim
Alle Rechte vorbehalten
Titelbild: Philip Waechter
Einbandgestaltung: Moni Port
Druck und Bindung:
Beltz Grafische Betriebe, Bad Langensalza
Printed in Germany
1 2 3 4 5 6 23 22 21 20

Weitere Informationen zu unseren Autor_innen und Titeln
finden Sie unter: www.beltz.de

SONNE, FUSSBALL UND VIEL MEER

Gebunden, 64 Seiten (75804)

Gebunden, 67 Seiten (75425)

Gebunden, 29 Seiten (82065)

»Philip Waechters zahlreiche Veröffentlichungen zeugen von aufrichtiger Neugier für die Erfahrungswelt, die Krisen- und Glücksmomente seiner jungen Protagonisten (…) Mit leichtem Strich skizziert er ein zeitgenössisches Bild von urbaner Kindheit und vielfältigem Familienleben.«

Eva-Christina Meier, taz, zu »Toni. Und alles nur wegen Renato Flash«

www.beltz.de BELTZ & Gelberg